Yuppies im Wald

Yuppies im Wald

Henri Kruse

Gedichte

Dieses Vorhaben wurde im Rahmen des Stipendienprogramms des Freistaats Bayern Junge Kunst und neue Wege unterstützt.

Bibliografische Information der Deutschen Nationalbibliothek: Die Deutsche Nationalbibliothek verzeichnet diese Publikation in der Deutschen Nationalbibliografie; detaillierte bibliografische Daten sind im Internet über dnb.dnb.de abrufbar.

© Henri Kruse 2023

Herstellung und Verlag: BoD – Books on Demand, Norderstedt

ISBN: 978-3-7347-5759-4

für die 161

Inhalt

Yuppies	8
Im	60
Wald	84

Yuppies

"man denke an den Yuppie, der narzißtische Selbsterfüllung mit der äußerst asketischen Disziplin des Joggens und gesunden Essens verbindet. Vielleicht hatte Nietzsche das bei seinem Begriff des letzten Menschens im Sinn: [...] in der Verkleidung hedonistischer Askese."
Slavoj Zizek "Lacan", s. 54

Keine:r möchte Yuppie sein; Jede:r ist Yuppie; Jede:r will Yuppie sein. Yuppie sein bedeutet Zwang und Genuss. Zwang zum Genuss; Zwang durch Genuss; Genuss durch Zwang?

Diskussionsgrundlage

Doch irgend'n dummer Puter unkt,
Das sei kein wirklich guter Punkt.

one night stand

```
er hat seine hose      verlegen.
er hat seine schulter  verlegen.
er hat sich   selbst   verlegen.
er ist                 verlegen.
```

Zukunftsmusik

Wieder Mal ein schöner Abend
Mit der Partnerin zu zweit.
Wir uns aneinander labend
Glücklich in der Zweisamkeit.

Es ist schön, dass wir zumindest
Diese Abende verbringen.
Ja wenn du das Glück Mal findest,
Sind die ganzen anderen Dinge,

die dich gerne einmal stressen,
Wie vom Erdboden gekehrt.
Alles schlechte, gleich vergessen,
So lebt es sich unbeschwert.

Treffen manchmal auch noch Freunde
Nach der Arbeit auf ein Bier.
So von sieben bis um neune,
Da am nächsten Morgen wir

Alle wieder voller Eifer
Täglich in die Arbeit gehen.
Nicht so einfach dieses Life - ja,
Es nervt schon früh aufzustehen.

Nur das kannst du halt nicht ändern,
Vor einem Karrieresprung
Brauchst du Anlauf, reines Schlendern
Reicht nicht zur Beförderung.

Und selbst nach den längsten Tagen -
Du willst direkt in dein Bett,
Lässt sich doch grundsätzlich sagen,
Eigentlich ist alles nett.

Weil sich unsere Mühen lohnen!
An sich ist doch alles fein!
Schau nur, wie perfekt wir wohnen,
Da kann man nicht traurig sein.

Eiche, Fischgrät unser Boden
fast wie neu, er glänzt so sehr.
Unsere Decke so hoch oben
Als ob's die der Nachbarn wär.

Weiße Wände, schöne Möbel,
Wir ham's uns schon nett gemacht.
Weißt du noch, wie wir wie Pöbel,
Als Studenten Tag wie Nacht

In der Fünfer-WG froren,
Weil die Heizung nicht so tat?
Diese Angst haben wir verloren
Dank dem neuen Thermostat.

Ja sie gluckert still die Heizung,
wenn wir wollen, ist es warm.
Nur durch unsre eigne Leistung
Geht's uns gut, wir sind nicht arm.

In rein finanzieller Hinsicht,
Kann ich ehrlich sagen: - Topp! -
Etwas anspruchsvoller find ich,
Mal zu hinterfragen, ob

Dieses Leben, das wir führen
Mehr als nur gemütlich ist
Und der Luxus den wir spüren,
Lebensqualität bemisst.

Klar, wir hatten andere Träume,
Als das Studium einst begann:
Bunte, ferne Lebensräume
Schienen beinah nahe, dann

War nur vier, fünf Jahre später
Klar, dass dieser Lebensweg
In die Erfolgsparameter
Eine fette Schneise schlägt.

Und man kann ja noch zukünftig
reisen - alle Türen auf,
Nur zählt jetzt erst mal vernünftig
Und da nimmt man halt in Kauf,

Dass die Arbeit, die ich mache
Schon am Anfang fad erschien
Und die angestrebte, flache
Hierarchie in meinem Team,

Trotz sofort geduzter Chefin
Kaum Realität entspricht.
Bei den abendlichen Treffen
Mit Kollegen eher schlichte

Langweilige Themen
Unseren Abendtalk bestimm'.
Jedoch: man muss sich benehmen
Und es ist nicht weiter schlimm.

Es gibt ja auch schöne Dinge,
Wie mein neues Messerset!
Schöne Griffe, scharfe Klinge
Jedes Exemplar ein Brett:

Eines klein, zum Zwiebeln schneiden.
Für Tomaten eins gezackt.
Jedes Messer kann ich leiden,
Mit dem allergrößten hack'

Ich für Gäste frische Kräuter.
Ich Koch leidenschaftlich gern.
Schmeckt das Essen dann den Leuten,
Ist der Alltag sofort fern.

Es sind immer nette Runden -
Schon der engste Freundeskreis,
Den ich so für ein paar Stunden
Jeden Monat um mich weiß.

Früher war das superwichtig -
Oberste Priorität.
Jetzt wirkt's leider etwas nichtig,
Da es doch um Anderes geht.

Aber sich zu unterhalten,
Zeigt, dass sie nicht weiter sind
und das glättet Sorgenfalten,
ist was mich fast heiter stimmt.

Denn so rein in der Karriere
Fühl ich mich noch nicht so weit.
Wenn's bei denen anders wäre
Gäb's noch mehr Unsicherheit.

So geht's allen ca. ähnlich,
Was uns alle etwas stört.
Nur ist das nicht ungewöhnlich,
Weil es halt dazugehört.

Das ist einfach unverrücklich!
Anders geht es nun mal nicht!
Sind im Rahmen wohl so glücklich,
Wie's den Umständen entspricht.

Eigentlich kann ich nicht klagen.
Grundsätzlich fühl ich mich wohl.
Nur hör ich mich das so sagen,
Klingt es leider etwas hohl.

Marmelade 1

In manch so einer Hungersnot,
Du spürst die Leere nagen,
Hilft meist ein Marmeladenbrot,
Das landet schnell im Magen.

Und wenn im Marmeladenglas
Nichts rauszukratzen wäre,
Bewirken Butterbrote das
Vergessen dieser Leere.

Nun kommt, denk ich bei jedem Mal,
Die Butter auch abhanden.
Da hast du keine andere Wahl,
Und isst einfach den Kanten.

Marmelade 2

In den zwei, vielleicht drei Jahren,
Die so grob vergangen waren,
Seit die Beeren von dem Strauche,
Nicht direkt in meinem Bauche,
Sich gegessen wiederfanden,
Sondern noch in Schalen standen,
Da zum künftigen Verzehre
Marmelade praktisch wäre,
Stellte sich nach Koch-Aktionen,
Nelken, Zucker und Zitronen,
Mischverhältnistestversuchen,
Leiser Freude, lautem Fluchen,
Teilweise auf Omas Spuren,
Teils nach neuen Rezepturen,
Streichverhaltenoptimieren,
Semmeln, Hörnchen, Brote schmieren,
Raus, dass ich, sei's durch den Stress,
Am Morgen lieber Müsli ess!

Marmelade 3

Jahre sind vergangen, seitdem
Dieses Glas entstand.
Am Regal vorbei zieh'n Zeiten.
Wo es sich befand.

Seit ich einst die Früchte pflückte,
Ist so viel passiert.
Wie die Marmelade glückte,
Süß und leicht passiert.

Wie viel ging seitdem verloren,
Wohl auch an Geschmack?
Wie viel ist im Glas vergoren,
Das ich gerade pack?

Ekelhaften Zukunftsängsten
Zittert meine Hand.
Wie konnte ich nur verschwenden
Was so schön entstand?

Nun, an allen den Gedanken,
Die ich grad gebar,
Scheinen Glas und ich zu kranken,
Seitdem es hier war.

Ich beginn, es aufzuschrauben
Und als ich das tu,
Werden all die Aberglauben,
Die mich banden, zu

Nichts, zu Geistern, in Verbannung.
Es erweckt den Schein:
Manchmal löst es schon die Spannung,
Aufgedreht zu sein.

Gedanken zur Farbenlehre

Manche Menschen, die schon starben,
Oder and're, die's noch gibt,
Sagten wohl: - oh, manche Farben
Sind mir wirklich unbeliebt. –

Sagen zu Kombinationen:
- Weg damit aus meinem Blick!
Ich muss meine Augen schonen.
Das ist echt ein starkes Stück. –

Sagen beispielsweise: - Flieder,
Du bezeichnest es als schön,
Mir ist's jedoch sehr zuwider,
Von der Farbe muss ich stöhn'. –

Sagen: - Oh, das Grün der Linde
Find ich wahrlich sehr speziell.
Was ich daran so toll finde,
Es ist lebhaft, doch nicht grell.

Es passt doch sehr gut in Küchen,
Bringt viel Leben in mein Haus,
Sind die Wände dann gestrichen,
Sieht es gleich viel wärmer aus. -

Oder kombiniere Lila
Mit nem wirklich krassen Rot.
Modemord in Augen vieler,
Doch für manche schick wie Tod.

Warm, dezente graue Wände,
Machen wohnlich so viel her.
Was manch and'rer grässlich fände,
Freut die Streicher meistens sehr.

Helles Blau im Badezimmer,
Für ein maritimes Flair.
And'rer meint, - es ist nichts schlimmer,
Keine Farbe hass ich mehr. –

- Gelbes Hemd und weiße Hose,
Sag mal, weißt du, dass du spinnst?
Was ist bei dir alles lose,
Dass du das ästhetisch find'st? -

Jeder hat die eigne Meinung,
Jeder seinen eig'nen Stil,
Mancher ruhigere Erscheinung
And'rer zeigt am liebsten viel.

Laute Farben, leise Leute
Und das ganze umgekehrt.
So war's früher, so ist's heute
Und so passt das ungefähr.

Schäm dich

Ich als Knirpschen in der Ersten
Klasse sitz im Schulbus da.
Mein Blase prall am Bersten,
Was wohl so gekommen war:

Enger Zeitplan, zehn Minuten
Nach der Schule bis zum Bus.
Nun, da brauchte man 'nen guten
Klaren Packalgorithmus.

Und den hatte ich mit sechs nicht,
War noch nicht so stramm gedrillt,
Sondern anscheinend entsetzlich
Kindlich sechsjährig gechillt.

Ich kann auch nur noch vermuten,
Was ich damals nicht gleich fand?
War's der Turnbeutel aus Juten,
Der am Vormittag verschwand?

Anyways, ich war spät dran, ich
Suchte eifrig, hastig, flink;
Anfangs motiviert, dann panisch,
Da es um die Heimfahrt ging.

Und ich fand es, das Verlor'ne,
Und ich rannte, flog dahin,
Durch das Schultor, ganz nach vorne
Durch die Bustür und war drin.

Bloß: mit innerem Fanfarenklang,
Körper krampft alarmbereit,
Meldet sich ein starker Harndrang,
Und es ist noch ziemlich weit.

Ums nochmal zusamm'zufassen:
Knappe Stunde Fahrt vor mir
Muss ich dringendst Wasserlassen,
Spannend wird, was nun passiert:

Ich piss einfach in die Hose,
Lasse laufen auf den Sitz.
Beckenboden locker, lose
Und so sitz ich da und schwitz

Voller Scham, die Hose triefend
Hochrot, Tränen im Gesicht –
Ich schon leicht urinisch miefend,
Hoffe nur, man merkt es nicht.

Watschel, es merkt niemand anders,
Pinguinhaft aus dem Bus,
Und noch heute, zu dem Anlass,
Dass ich urinieren muss,

Plagt ein schreckliches Gewissen
Und die Scham kommt präventiv.
Vollgepisste Schulbuskissen,
Als es in die Hose lief.

Zwanzig Jahre später bin ich
Kontinenter junger Mann
Und mein Leben gut und sinnig,
Dass ich echt nicht klagen kann.

Hab 'ne Freundin, bin gut drauf und
Das klingt erst nicht interessant,
Doch drum geht's hier im Verlauf und
Das macht es auch relevant.

Irgendeine Party abends,
Ich, recht feierlich gedressed,
Guten Style und Abend habend,
Hab ich scheinbar wen impressed.

Eine Frau, die mich auch anspricht,
Mich durch ihre Art betört,
Dass ich mich, als so der Bann bricht,
Freue über kleinen Flirt.

Haben Fun, wir sind am Lachen,
Ich bin ehrlich, frei, beschwingt,
Machen typisch flirty Sachen,
Bis es aus der Nähe klingt:

- Sorry, ganz kurz, meine Liebe.
Sag mal, Henri, was geht ab?
Kontrollier mal deine Triebe,
Ich, wenn ich Gelüste hab,

Sperr mich ein in meiner Wohnung,
Denke nach, was Treue heißt.
Das reicht mir dann als Belohnung,
Wenn ich mich als treu erweis. -

Worauf ich nur kurz betone:
- Meine Freundin findet`s fein. –
Er dreht sich um und fängt ohne
Hemmung an herumzuschrei'n:

- Henri, du solltest dich schämen!
Nein, der Henri ist nicht frei!
Kann sich leider nicht benehmen,
Und er war grad schon dabei,

Untreu Frauen zu umgarnen.
Seine Freundin mag ich gern.
Nein, ich muss euch alle warnen,
Haltet euch von dem da fern. -

Scheinbar war was anzumahnen.
Scheinbar sündige ich hier.
Einer schien das zu erahnen,
Eigentlich ein Freund von mir,

Dessen moralischem Kompass,
Offenbar die Nadel springt.
Ich versuch mit einem - komm, lass! -
Schlichtung, was mir nicht gelingt.

Wodurch ich wie letzter Pisser
Mitten auf der Feier steh.
Sein Gewissen nun gewisser,
Sie beschämt verzog sich eh.

Früher konnte ich gut chillen,
Kaffee trinken tagelang,
Heut' erzeugt das Widerwillen,
Beim Gedanken wird's mir bang.

Denn aus - du musst heut nichts machen -,
Wird - ich hab prokrastiniert -,
Scham, wie manche and're Sachen,
Wird gut internalisiert.

Klar, ich häng auch jetzt noch Stunden
Kanudokus schau'nd online.
Denk mir schon nach paar Sekunden,
Wie kannst du so peinlich sein?

Wie erbärmlich ist dein Leben?
Was genau ist bei dir schief?
Hast du Ehrgeiz aufgegeben?
Seit wann bist du depressiv?

Nur das - depressiv - , das passt nicht,
Eher schamerfüllt gelähmt.
Habe Spaß an Allem, das ich
Tue, das mich nicht beschämt.

Warum gibt's so viele Themen,
Für die man sich schämen kann?
Wofür muss ich mich nun schämen
Und weshalb und auch seit wann?

War's als Kind nicht völlig anders?
Frag ich mich dann teils verklärt.
Mann, was hatt' ich für nen Fun, was
War das damals unbeschwert.

Nur, es hilft nicht dem Gewissen,
Kind zu spielen, leicht und klein.
Wieder in den Bus zu pissen
Scheint mir nicht der Weg zu sein.

Und so ist ein Harndrang Alltag,
Den man leider nicht genießt.
Eins, was ich auf jeden Fall mag,
Das Gefühl, wenn alles fließt.

Jan und die Gefühle

Jan ist gerade in der Zone
Einer frischen Liebelei,
In der alles nicht ganz ohne,
Teilweise recht schwierig sei.

Langsam fängt man an zu planen,
Wie der erste Urlaub wird.
Irgendwie lässt sich schon ahnen,
Dass man da vielleicht was spürt.

Bald trifft Jan dann Mal die Schwester
Und wahrscheinlich wird das gut.
Nur beim Planen von Silvester
Ist man grad noch auf der Hut.

Jan und das Kaffeetrinken

Ein paar Prinzipien hat sich Jan gesetzt,
An denen er sich meistens orientiert.
Cafe ist beinah' immer indiziert,
Besteht die Möglichkeit, passiert es jetzt.

Wie wichtig ist es, dafür Zeit zu haben,
Wie schön, wenn man endlos zusammen sitzt.
Und redet, schweigt und scherzt und witzt.
Um sich gemeinsam für die Zeit zu haben.

Nur manchmal scheint es ihm zu viel zu werden,
Dann trank er, scheint's, den ganzen Tag Kaffee.
Und spricht am Abend: - das ist so okay. -

Doch fühlt sich dabei etwas leer denn.
An sich hätt' er wohl gerne was geschafft.
Bloß: Kaffee hat noch niemand aufgerafft.

Jan und die Langeweile

Zum ersten Mal seit ewig langer Weile,
Jan war die letzten Woche wirklich brav
Und jetzt ist er verwundert, dass er darf,
Hat Jan so richtig übel Langeweile.

Und jedes Buch ist schon komplett gelesen,
Das Telefon ist nicht verlockend, fad.
Und so hat sich letztendlich offenbart:
Genauso fad ist Jannens ganzes Wesen.

Er wird das Bett und wird sich nicht bewegen,
Er wird das Laken, viel zu warm, zerlegen,
Er wird das Nichts, das Einzige, was bleibt.

Er wird sein Atem, ruhig vertraut und stinkend,
Er wird sein Rücken, schweißgebadet sinkend.
Er wird die Umwelt, an der er sich reibt.

Jan und der Urlaub

Endlich kann, was Jan längst wollte,
Er Mal in den Urlaub fahr'n.
Nur was er noch schaffen sollte,
Hängt ihm doch am Nacken dran.

Und nun sitzt er so im Süden.
Und denkt, was Zuhause ist.
Urlaub für den Seelenfrieden
Ist irrationaler Mist.

Lieb mich

Lieb mich, lieb mich, lieb mich, verdammt,
Jetzt noch egal, wo du bist, zieh mich jetzt an,
Bin ich dann, wo du bist, zieh dich nicht an,
Sieh mich jetzt an, zieh dich nicht an,
Wir sind hier jetzt zusammen.
Hier jetzt zusammen,
länger noch nach Möglichkeit,
Was könnt' schöner sein als schöne Zeit,
Die schöne Zeit, die flöge leicht,
Stand jetzt aber nur Möglichkeit,
Dafür wirst du nötig sein.
Du nötig sein.

Lieb mich, lieb mich, lieb mich doch jetzt,
Doch jetzt stockt der Wortwechsel,
Trotz lockerer Wortfetzen,
Die ich vom Hocker ins Ohr setze,
nach Vorsprechen von Vorsätzen,
Stockt, stolpert vor dem doch jetzt.
Stockt der Atem wegen der Erregung,
Atem bebend,
Wenn wir uns die ersten Male sehen,
Zaghaft in die Arme nehmen,
Fragen stellend, lachend reden,
Dich auf meinem Laken sehen. Frag mich, wer
und wo du bist, gerade eben.

Lieb mich, lieb mich, lieb mich für mich,
Für mich wird für dich und für dich würd ich,
Wirklich für dich sein, Bürde nein, wirkt nie wie
Pflicht, Spür mich im für dich,
für dich, für mich.
Für mich nehme ich mit,
was ich nur kriegen kann, Vielen Dank,
Krieg das alles ich, wie entspannt,
Die Anerkennung mitgeliefert an,
Ohne sie bin ich geliefert,
Mein Zweifel E-Bike-fahrender Lieferant.

Lieb mich, lieb mich, lieb mich, Verdammt, Verkrampft wie ich warte,
du lieblich verkannt,
Siehst es mir an, an Gliedmaßen, Stand,
Seh dich nichtssagend,
du mich vielfragend an.
Ich sage erstmal lange nichts, und du gibst mir meine Zeit,
Fragst mich endlich wie's mir geht
- einwandfrei -
Wir bleiben, weil die Zeit zu zweit
viel leichter weilt,
jeder von uns beiden weiß,
wir sind dem andern einerlei.

Zwei

Zwei Personen, mal gesehen,
Voneinander angetan.
Da sie aufeinander stehen,
Schmieden sie zu zweit den Plan,

Sich doch einmal im Privaten
Auszutauschen bei `nem Bier.
Auf die Pläne folgen Taten
Und so sind die beiden hier.

Sitzen da in ihren Rollen,
Lässt sich fast wie Casting an.
Ohne Zutun, ohne Wollen
Ist sie Frau, er aber Mann.

Schon gerade vor dem Eintritt
In beliebiges Lokal
Spielte sein Geschlechter-Sein mit,
Er traf - instinktiv - die Wahl,

Ihr die Türe aufzuhalten,
Denn ein Mann muss gentle sein
Und galant im Balzverhalten,
Fühlt sich mit der Wahl recht fein.

In diesem Lokal, der Schenke,
Bringt Mann Drinks nicht an den Mann,
Will Mann also Kaltgetränke,
Stellt Mann sich am Tresen an.

Uns're beiden Turteltauben
Warten allerdings zu zweit,
In dem recht modernen Glauben,
Dieses Bild sei aus der Zeit.

Warten so auf ihre Helle,
Kühl und golden, süffig voll.
Da fragt er sich auf die Schnelle,
Ob er ihr Bier zahlen soll?

Denn das sei als Geste doch recht
Nett und zeugt vom freundlich sein,
Oder ist es eben doch schlecht,
Auf dem Grund der Schuld gemein?

Fordert man dadurch Erbringen
Einer Gegenleistung ein?
Ist es praktisch ein Erzwingen,
Nur verhüllt in schönem Schein?

Sie hingegen würd' sich freuen,
Zahlte er ihr kühles Hell.
Oder sollte sie sich scheuen,
Wär' schon sehr traditionell?

Eigentlich wär's eine gute,
Coole Geste seinerseits,
Ist ihm danach auch zumute,
Zückt er da das Geld bereits?

Oder zahlt er nur das seine,
Das wär schon recht distanziert,
Und dann zückten beide Scheine,
Warten, dass gewechselt wird.

Und dann müsste man die Dauer
Dieses Doppelwechselspiels
Auch noch füllen, es wär schlauer,
Zahlte er - ja, ihr gefiel's.

Oder sie könnt' s übernehmen,
Das wär aber sehr gewagt.
Während sie Gedanken lähmen,
Wartet sie, bis er was sagt.

Barfrau will die Biere reichen,
Fragt wie man bezahlt – Getrennt.
Denn das einfach gleich begleichen
Gibt's, wenn man sich besser kennt.

Uns're beiden Süßen setzen
Sich nun in ein stilles Eck,
Fröhlich fängt man an zu schwätzen.
Anspannung von gerade weg.

Flirtfaktor ist klar zu spüren,
Lachend nähern sie sich an.
Die Gespräche, die sie führen,
Füllen schnell den Abend, dann

Ist es plötzlich spät am Abend.
Er muss früh am Morgen raus,
Plagendes Gewissen habend,
Rutscht ihm kurz die Sprache aus.

Und schon eilen uns're beiden,
Da er ja nach Hause will,
Und es ist nicht zu vermeiden,
Plötzlich wird es awkward, still.

Beide hatte einen richtig
Schönen Abend, sehr entspannt.
Das scheint jedoch nicht mehr wichtig,
Denn jetzt wird es sehr riskant.

Wie soll nun der Abschied laufen,
Wird nur schnell die Hand gereicht,
Wirft das alles über'n Haufen,
Dass der Vibe im Nichts entweicht?

Oder wagt er es am Ende,
Überrumpelt sie mit Kuss,
Nimmt in seine ihre Hände,
Da das Date so enden muss?

Ist das überrumpelnd Küssen
Zeitgemäß? Das quält ihn sehr.
Es wär eindeutig beschissen,
Wenn's nicht einvernehmlich wär.

Soll er nach dem Kusse fragen,
Doch ist das nicht feige fast?
Was genau soll er denn sagen,
Dass es smooth, romantisch passt?

Traut er sich der Grenzen wegen,
Oder ob des Selbstwerts nicht?
Jetzt auch noch ein leichter Regen –
Gelb, warm das Laternenlicht.

Und wir hör'n Gedanken rattern,
Vielleicht wagt er ja den Schritt.
Wir seh'n seine Nerven flattern,
Ich und du, wir fiebern mit.

Denn sie wäre einem langen
Kusse gar nicht abgeneigt.
Hoffnungsfroh in leisem Bangen,
Wartet sie, dass er - sei's leicht

Zur Not nur kurz - seine recht schönen
Lippen auf die ihren presst.
Daran könnt' sie sich gewöhnen,
Wenn er sich gut küssen lässt.

Auch den ersten Schritt zu gehen,
Wäre sie im Grund bereit.
Sieht ihn da so vor sich stehen,
Und er tut ihr leider Leid.

Denn die zweifelhaften Falten
Zeigen, dass er gar nicht will.
Sollte sie sich kühn verhalten
Oder hält sie lieber still?

Soll sie nach dem Kusse fragen,
Doch killt das die Stimmung nicht?
Was genau soll sie denn sagen,
Unter dem Laternenlicht?

Endlich scheint für die Verzagten
Umarmen als die beste Wahl.
Passend zu 'nem schnell gesagten
- Schön war's, bis demnächst einmal.

Der Erbschleicher

Meine erste große Liebe
Traf ich in der Bibliothek.
Ihre Jugendlichen Triebe
Merkte ich, als sie mich schräg

Von der Seite inspizierte
Und mir sagte: - hoch erfreut -
Und dann, was mich sehr verwirrte,
Noch - was machen wir denn heut? -

Klassische Aristokratin,
Ehrlich, streng, diszipliniert,
Von der ich im Bücherladen
Voll Erfahrung leicht verführt.

Spannend war sie, diese Dame,
Bissig, lustig, eloquent.
Edle Nase, edler Name,
Den man in den Kreisen kennt.

Silbrig-graue, glatte Haare
Haarspray-haft in Bob genormt.
Kleidungsstil durch feinste Ware
Aus manch Luxusshop genormt.

Oh, wir hatten schöne Zeiten -
Ja sie zeigte mir die Welt,
Ich erkannte all die Seiten,
Des mir unbekannten Geld.

So dinierten wir mit Wonne,
Cremten uns die Körper ein
Gegen subtropische Sonne.
Reichen dafür Wörter? Nein!

Wir bereisten viele Städte
Voller Freiheit, ohne Not.
Ach, wenn ich sie doch nur hätte,
Diese Kur gegen den Tod!

Dieses Beben ihrer Glieder
Zart gehauchter Liebesschwur!
Das Herabschlagen der Lider
Jedes Mal ein: - wenn du nur

Endlich einmal sterben könntest! -
- Ja, ich liebe dich auch sehr, -
Was du mir von Herzen gönntest,
War der Anfang, ich wollt' mehr.

Und nach dreieinhalb, vier Jahren
War die Liebe groß genug
Und die rechtlichen Verfahren
Eingeleitet zum Betrug.

Süßes Zittern ihrer Finger,
Als sie Testament umschrieb,
Sodass dann für ihre Kinder
Nur das Pflichtanteilchen blieb.

Nun, die können mich nicht leiden,
Doch durch hohen Anwaltslohn
Haben Sie mich zu vermeiden,
Das seit vielen Jahren schon.

Und so langsam wird sie blasser,
Liebliche Erinnerung;
Wir im helltürkisen Wasser,
Wär'n wir nur für immer jung.

Ja sie rauchte Zigaretten
Und das sah man ihr auch an.
Rauchte eifrig, rauchte Ketten
Seit gut 55 Jahren.

Sie war locker, lässig, ranzig,
Primär jedoch ziemlich cool.
Ja, wir sahn uns, man befand sich
Im Hotel am Swimmingpool.

Und sie fragte mich behände,
Ob ich nicht ein Feuer hätt'?
Schließt um meine ihre Hände
Und schon sind wir fast im Bett.

Oh, sie brachte mir die Kniffe
Bei, das ganze Repertoire.
Ihre lusterfüllten Pfiffe
Als dem mit 1,7 Bar

Schon auf höchsten Touren laufen-
Den Heimsauerstoffgerät
Unter lustersticktem Schnaufen
Letztendlich der Saft ausgeht.

Ihre emphysematösen
Lungenbläschen geben auf
Und so ist's um sie gewesen,
Denn der Tod nimmt seinen Lauf.

Und so stirbt sie ganz gewöhnlich
Als nun sterbliche Person.
Und na ja, für mich persönlich
Blieb ne dreiviertel Million.

So zur Dritten in dem Bunde,
Zu der kommen wir wohl jetzt:
Sie war achzig, Kunigunde,
Titel der von Mittelstädts.

Sie war eine arme Sau, sie
War von Anfang einfach alt.
Spürte durch mich nochmal Gaudi
Und ihr Herz verbittert kalt

Wärmte sich durch diesen Frühling
Nochmal ansatzweise auf.
Unerwartetes Gefühl ging
In sie, sie nahm ihren Lauf:

Diese einfach wahre Liebe
Nun zumindest ihrerseits.
Ihre Hirnhäute warn Siebe
Und so kam es dann bereits

Nach drei intensiven Wochen
Leider zu recht schwerem Sturz.
Da der Schenkelhals gebrochen,
War die leichte Zeit nur kurz.

Sie war in ihr Bett gebettet,
Immobil dahingelegt.
Trotzdem wurde nett gepettet,
Dabei ohnehin gepflegt:

Ja ich brachte sie zum Baden,
Schmierte ihr den Rücken ein,
Wickelte die alten Waden,
Half ihr dann mit Krücken, mein

Fast ehrliches Bestreben,
Ihr zu helfen in der Not,
Süßte Ende ihres Leben,
Doch letztendlich kam der Tod.

Jetzt final noch etwas Wahres;
Etwas Klartext ganz zum Schluss:
Klar, ich wollte primär Bares,
Wobei man beachten muss:

Ich war Hausmann, Lover, Pfleger.
Immer da in schwerer Zeit
Und so sag ich jedem Kläger,
Fair entlohnte Care-Arbeit,

Das ist es, was ich hier mache
Und das ist jetzt der Skandal?
Gutes Geld für gute Sache,
Wenn du denkst, - ich sollt' dann Mal

Mit der Oma konferieren,
Weil sie ist ja so allein. -
Nun, sie kann mich engagieren,
Dann ist dein Gewissen rein.

alt werden

        schaltknüppel
          haltbar
          faltboot
         kaltblütig
besitzverwaltung
       saltatorisch
        alternativlos
      baltikum
     waltran
    basaltfliesen

      malteser

ela

      weil
ela
 lang
 lang e
      weilt
gelang
      weil
elan wei t
      weil
elan wei t
      weil
ela
 lang e
      weilt
 lang
 lang e
 langweilt
ela

facetten des selbst

r**ei**terpose
 r**ite**n
  s**tel**zenhaft
   n**elk**enduft
    a**lke**nartig*
     keimbahn
     sch**eit**el

phasen des selbst

von ihr   angezogen
von ihr   ausgezogen

von mir   angezogen
von mir   ausgezogen

von dir   angezogen
von dir   ausgezogen

Interview

Lassen Sie mich erstmal sagen:
Vielen Dank für Ihre Zeit!
Ich hab an Sie ein paar Fragen.
Sagen Sie, sind sie bereit?

Nun als erstes, für den Anfang
Ich stell Sie mal ganz kurz vor:
Menschenfreund mit großem Anklang,
Philanthrop, geh'n Sie d'accord? -

- Philanthrop, das sagen Griechen
Menschenfreund klingt auch korrekt,
Nein, ich will mich nicht verkriechen,
Bleib nicht hinterm Geld versteckt,

Das ich sehr gerne verwende,
Immer für ein hehres Ziel,
Weil ich spare, nicht verschwende,
Hab ich viel und helf doch viel. -

- Ah, Sie sind also ein Sparer,
Ja, da wird man sehr schnell reich.
Nennen Sie doch etwas klarer
Ihren Tätigkeitsbereich? –

- Nun, ich unterstütze Künstler. –
- Alles Männer? - Nein auch Frau'n.
Ohne mich säh's für die finster
Aus, Karriere aufzubau'n.

Bin Mäzen, wie Volkes Mund sagt,
Helf mit gutem Geld und Rat.
Öffne Türen in den Kunstmarkt -
- Und das ist die gute Tat? -

- Ich kauf unbekannte Stücke,
Mach aus Niemand großen Star,
Schlage Brot bringende Brücke
Wo zuvor nur Hunger war. -

- Und es geht ihnen gewiss nicht
Nur um eigenen Profit? –
- Nun, es trägt sich längerfristig,
Und auch wenn es so aussieht

Als ob ich nur spekuliere,
Darum geht es sicher nicht
Denn, auch wenn ich Geld verliere,
Kunst bleibt für mich ein Gedicht. –

- Investier'n ja auch in Business,
Sind Sozial-Entrepreneur? –
- Ja sozial, genau so ist es,
Für's Gemeinwohl, ja ich schwör!

In den heutig harten Zeiten
Voller nervig neuer Not
Gibt es manchmal Möglichkeiten,
Unnötiges Leid und Tod

Durch gewieft, geschickt, geniale
Technig und Innovation,
Für die ich sehr gern bezahle,
Zu verhindern. Die Person,

Die ich suche, ist ein Schlauer,
Mit dem Herz am rechten Fleck;
Lockerer Connections-Bauer,
Junger Unternehmerswag.

Ich find Macher, keine Luschen,
Süß geküsst von Zukunftsgeist,
Die durch mein Invest zu pushen,
Find ich geil, es glückt auch meist.-

- Und wirft das für Sie Rendite
Ab? - Natürlich, sowieso.
Was ich als Investor biete,
Mein Gewinn, mein Risiko,

Und es sind nur superliebe
Firmen, die ich unterstütz,
Keine raffgierigen Triebe,
Gutes schaffend, ohne Witz. –

- Raffend sagen Sie, da würd' mich
Interessier'n, Sie ham geerbt,
Wie war denn vor 45
Der Familiengeist gefärbt? –

- Uh, kein angenehmes Thema
Irgendwie auch ganz schön alt,
Nun das waren Unternehmer,
Und da muss man leider halt

Für die Arbeitnehmer denken,
Unternehmerisch gescheit,
Ruderer beflissen lenken, -
- Ah, Sie meinen Zwangsarbeit? –

- Ja, das fand ich auch betrüblich.
Wirklich tragisch in der Tat,
Nur mein Opa, gar nicht üblich,
War im Widerstand; privat. –

- Das glaubt mindestens ein Drittel
Aller Deutschen von Opa.
Auch wenn es in echt im Mittel
Nicht mal ein Prozentpunkt war. –

- Nun, das waren harte Zeiten,
Manche hatten echt kein Glück,
Voller Ungerechtigkeiten,
Deshalb geb ich ja zurück. -

- Was genau Sie damit meinen? –
- Ich zahl meine Steuern brav. –
- Nun es scheint mir so zu scheinen,
Dass man etwas mehr tun darf? –

- Tu ich ja auch, für die Armen
Schmerzt mein Herz auf jeden Fall,
Deshalb mach ich aus Erbarmen
Jedes Jahr 'nen Spendenball.

Ja, die Armut zu beenden,
Wär unglaublich, in der Tat,
Nur hab ich's nicht in den Händen
Und es gibt ja noch den Staat,

Der mit den Sozialsystemen
Einiges zu tun vermag.
Schön war's sich die Zeit zu nehmen,
Ich muss los, 'nen schönen Tag! -

- Halt, noch eine kleine Frage,
Etwas, das mich sehr verwirrt.
Ja, wie können Sie es wagen,
Hier dermaßen ungeniert

Eine Schere anzubringen,
Die so offensichtlich klafft,
Dann das Hohelied zu singen
Der sozialen Marktwirtschaft. -

- Typisch, mich nur anzuklagen,
Möglichst kritisch, möglichst krass,
Statt Mal selber vorzuschlagen -
- Nun Enteignung, wär das was? -

- Wirklich spannend, ja, Enteignung,
Das ist wirklich interessant.
Nur für mich, nach meiner Meinung,
Etwas progressiv pikant.

Ich denk da ja an die Kinder, -
- An die eig'nen? - Ganz genau.
Denen will ich nicht verhindern,
Sich 'ne Zukunft aufzubau'n -

- Nun das kann ich auch verstehen,
So in ihrer Position -
- Schön, dass sie das auch so sehen.
Unter uns, ich sehe schon,

Dass ich davon profitiere,
Auszubeuten, grad global,
Und mich dann noch profiliere,
Als sei ich so krass sozial.

Es ist an sich tragisch lustig,
Dass das echt so funktioniert.
Doch das denke ich bewusst nicht,
Weil das mich nur irritiert.

Dass ich mich damit beschäftig,
Wäre gut, das geb ich zu.
Nur es lohnt sich nicht geschäftlich
Und so mach' ich, was ich tu.

IM

IM beschreibt eine Verortung. Eine Verortung im Rahmen fester Bedingungen,
fester Normen, fester Formen.

Formen verorten. Gut tanzt es sich in trochäischem Techno. Angenehm ist es im Zwang teils selbstverordneter Regeln. Die Form gibt Halt. Und auch wenn nur die Form bleibt, man den Halt gar nicht verorten kann, so bleibt dennoch Halt.

Matrix 3x3

```
ger der den don ton tog tig gig gir
der den don ton tog tig gig gir ger
den don ton tog tig gig gir ger der
don ton tog tig gig gir ger der den
ton tog tig gig gir ger der den don
tog tig gig gir ger der den don ton
tig gig gir ger der den don ton tog
gig gir ger der den don ton tog tig
gir ger der den don ton tog tig gig
```

            gerfalke
geländer
    umdenken
        donaudelta
     atonal
      toga
 entstigmatisierung
        gigantisch
        girlande

Klar

Am Anfang stand man zaghaft bang
Am Bahndamm.
Fraghaft stand man da.
Man stand.
Man stand.
Dacht' nach.
Man stand.

Dann kam das Ah.
Da war's klar.
Ganz klar.
Glasklar fast.
Was Pracht das war.

Das Klar.

Unmut

Unmut und Frust.
Unmut und Frust durch dumm Zutun.
Nur durch dumm Zutun.
Guck:
Du dumm, zu dumm, nur dumm.

Durch Unmut und Frust, Furcht zu tun.

Nur:
Nur Mut!
Tu nur.
Tu du nur.

Und gut wurd' Zukunft.

Hohn

Vor Hohn protzt Großkotz.
Tropft vor Hohn.
Wo sonst Komfort Lohn zollt,
Kopf, toll vor Lob, gold strotzt, Zorn.
Zorn rot.
Vom Dorn tropft Hohn.
Stolz thront Hohn.
So Soll's.
Doch:

Kopf hoch.
Hohn tropft schon.
Schmolz wohl

Rege

Hellgelber Nebel deckt.
Knebelt fest.
Blendend grell.
Neben dem Nebel regt Es.
Strebt keck.
Streckt stets frech; es geht mehr.
Nebel deckt hellgelb, blendet Sehen.
Sehen Schemen.
Schemen des Es:
Frech strebt es gen mehr.
Gegen den hellgelben Nebel strebt Es.

Es lebt.
Rege

Stimmt

Kind:
Spring flink.
Spring im Wind, wink witzig.
Wirkt sinnig. Stimmt's?

Bist im Wind drin.
Singst frisch, stimmst link.
Wirkst kindlich, stimmig.

Spring flink.
Spring im Wind, wink witzig.
Wirkt sinnig?

Stimmt.

Manche killt Konsum

Laber nicht so dumm
Sagt er im Vollsuff.

Fragen im Fokus:
Packte ihn Tobsucht?
War es schlicht Mordlust?

Abends im Ostflur.
Abendlicht, rot Glut.
Grade ist so cul!
Farbe blinkt voll bunt.
Starte mit Konsum.
Warmes Bir, Strohrum,
Da den Vino zu.
Bald Red ich grob Stuss.
Alles ist sorum.
Schwanke im Fokus.

Laber nicht so dumm.
Sagt er im Vollsuff.

Ah Ben ist voll cul,
Da er trinkt ozu,
Nabelings von Su-
Sannes skin, schon gut.
Fragt: wer ist schon zu?
Alle sind schon gut
Am Weg in Vollsuff.

Schlange bis Lokus.
Lange mit Kotluft.
Machte Tim Notdurft?
Malte ist schon plump.
Brachte ihm Koks und
Machte mit Tom rum.
Das verstimmt Tom, drum
Packte ihn Tobsucht.
Ja er schmiss Brot durch
Schlange bis Lokus.
Lass den Shit, Tom, Punkt!
Malte ist doch schuld!
Sagt der mit Trotz und
Fahne im Vollsuff.
Malte gibt Tom Schuld:
Ballerst dich doch zu!
Daher kriegt Tom Wut:

Laber nicht so dumm,
Sagt er im Vollsuff.

Malte gibt Tom Schubs,
Wankend kippt Tom um.
Rappelt sich hoch und
Waffe im Fokus -
Flasche mit Strohrum.
Mach es nicht, Tom, du,
Schlage nicht grob zu!
Aber shit, schon zu

Rasend ist Toms Wut.
Flasche mit Kopf - rumms!
Malte kippt tot um.
Ja, es spritzt rot und
Alle sind voll Blut.

Abend ist wohl rum.
Manche killt Konsum.

Sonja sonnt ja sonntags

Folgendes Bühnengedicht ist mein Versuch, ein psychoanalytisches Drama zu vererbtem Trauma und pathologischen Formen der Traumaverarbeitung nur mit den Vokalen a und o, die sich dabei stets abwechseln, zu schreiben. Das klingt erst einmal nach Quatsch. Es ist mir allerdings fast gelungen. Ich brauche nur an einer Stelle die Unterstützung der lesenden Person, die das Gedicht mit einem gedachten - NEIN! - vollendet. Die Stelle ist bei - Stopp, darf Thomas so was? - und ist im Text markiert.

Sonja sonnt ja sonntags so krass, so dass Sonja, sonst blass, Montags so krass rot, ja Mohn fast, sodass Montag schon passt.

Thomas sorgt das. Thomas so: - Sag, Sonja, sonnst ja Sonntags. So Angst vor Strahl'n, solar? - Sonja trotzt: - pah. -

Thomas: - Opa schon starb wohl an solar. - Sonja: - Schon alt, wohl krank! -

Thomas fort, - Als sogar Oma von Strahl'n tot war, schwor man: Obacht; Solarschongang. -

Sonja: - So, also am Sonntag noch was Koka, montags so krass Moral. Schon schwach. -

Thomas: - Och, als ob! -

Sonja: - Oh Pathos ja ! Oma tot!
Sobald Oma sonnt', war Oma tot!
Obacht, Sonja! Sonnst ja Sonntag, Montag schon fast tot. -

Thomas: - Schon fast tot? Bald wohl ganz tot!
Pjano, ganz pjano, brav! -

Sonja so: - was soll das, Thomas?

Thomas: Thomas holt mal Mordaxt! Oma schon starb wohl an Mordaxt. Wohl nach Sonn'bad sonntags.
So dann Sonja. Wohl an.-

So starb Sonja. So war's Vortags.
Thomas floh dann.
Cop fand Thomas.
Cop fragt Thomas: -So ja, Sonja tot. War Mord das? -
Thomas: - Totschlag, ohja, Notschlag! So war's. Not war total groß, ja! -
Cop sagt: - Notschlag. Schon klar. So dann, los ab! -

Stopp!
Darf Thomas sowas?

 (NEIN!)

Oh, also nochmal von ganz vorn, ja?

Sonja sonnt ja sonntags so krass, so dass Sonja, sonst blass Montags so krass rot, ja Mohn fast, sodass Montag schon passt.

Thomas sorgt das wohl was:
Thomas so: - magst wohl das Sonn' krass. Opa schon dann sogar Oma noch starb wohl an solar, sodass Thomas wohl Angst vor Strahl'n zollt. -
Sonja: - Ok -
Thomas: - Doch da Sonja Sonn'bad so mag, folgt da Thomas. -
Sonja: - Oh, mag Thomas so krass doll! - Mag Sonja doch ganz total voll -, sagt Thomas.

Thomas kost dann Sonjas Thorax. Sonntags, montags, noch lang.

Moral:
Sonja sonnt halt sonntags

QWERTY1

yuletyt
yilpt yausiger yeisig
yu y'unlings sityendem yaunk;nig
yuletyt
yeigt yeit schei-e
yilpyalp y[rnt dar[ber yaudernd
yuletyt

AZERTY2

,qn ,mchte yuschquen;
zie dqs yqrte
gmttliche zesen;
dqs i, ,orgenlicht yerflie)t
zeiter schlùft:
i, kqlten ,orgenlicht ,mchte ,qn
dqs schlqfen
zùr,end
bezqchen

Fibonacci 1

a
a
b (aa)
c (ab)
e (bc)
h (ce)
m (eh)
u (me)

Fibonacci 2

a
a
aa
aaa
aaaaa
aaaaaaaa
aaaaaaaaaaaaa
aaaaaaaaaaaaaaaaaaaaa

beschränktes a x a

a b c d e f g h i j
b d f h j l n p r t
c f i l o r u x
d h l p t x
e j o t y
f l r x
g n u
h p x
i r
j t

Dekorative Demokratie

```
D E K O R A T I V E
E K O R A T I V E D
K O R A T I V E D E
O R A T I V E D E K
R A T I V E D E K O
A T I V E D E K O R
T I V E D E K O R A
I V E D E K O R A T
V E D E K O R A T I
E D E K O R A T I V
D E M O K R A T I E
```

Wald

Der Wald. Der bedrohliche, der bedrohte Wald. Der zu schützende Wald, wenn man es mit Försterlogik betrachtet. Künstlich natürlich. Berührungspunkte auf Spaziergängen, liebevolles, mütterliches Betrachten, Angst vor der eigenen Natur; im Wald.

Fortschritt

```
         c
        sch
       mschn
       rmschni
      ormschnit
     formschnitt
     formschnitt
      ormschnit
       rmschni
         c
         c
         c
```

Formschnitt

```
        c
       sch
       tschr
      rtschri
     ortschrit
    fortschritt
    fortschritt
     ortschrit
      rtschri
         c
         c
         c
```

Frühlingsgedicht

```
stamm stamm knospe knospe
stamm stamm zweig zweig knospe
stamm stamm ast ast zweig
stamm stamm ast ast zweig knospe
stamm stamm ast zweig
stamm stamm ast knospe knospe
stamm stamm ast
stamm stamm
stamm stamm
stamm stamm
stamm stamm krokus krokus krokus
```

Sommergedicht

```
turm
turm trocken
brett brett brett
turm
turm
turm
turm trocken
turm
turm
turm nass
```

Herbstgedicht

ass grau nass grau nass grau grau grau
grau nass grau nass grau grau grau nass
 grau nass grau nass grau grau grau nas
u grau nass grau nass grau grau grau na
ss grau nass grau nass grau nass grau n
rau grau nass grau nass grau   grau
grau nass grau nass grau gra   du s nas
 grau nass grau nass grau gr   du rau n
s grau nass grau grau grau n   du ass g
nassnassnassnassnassnassnassnassnassnas

Wintergedicht 1

```
weiß weiß weiß weiß weiß
weiß weiß gelb weiß weiß
gelb weiß weiß weiß weiß
weiß weiß weiß gelb weiß
weiß weiß weiß weiß gelb
weiß weiß weiß weiß weiß
```

Wintergedicht 2

geh
eis geh
weg eis geh
weg weg eis aaa
weg weg weg eis aaa
weg weg weg weg eis aaa
weg weg weg weg weg eis aah
weg weg weg weg weg weg eis aua

Baumbetrachtungen

```
stamm stamm
stamm stamm
stamm schnitt
stamm   stelle
stamm stamm
stamm stamm
```

Wettertagebuch
19 Grad, unbedeckt, Sonnenschein.
Klares Blau, die Sonne wärmend,
Wunderbar die reine Luft,
Vögel Melodien lärmend,
Erstmals zarter Blütenduft.

Paare glücklich, fromm flanierend,
Frisch von Frühlingsvibe erfüllt,
Froh verblendet, fein spazierend,
Erster Hunger fast gestillt.

Sonnenstrahlen strahlen Klarheit,
Hässlich ausgeleuchtet, schlicht.
Inspizieren, suchen Wahrheit,
Badezimmerspiegellicht.

Baustrahler im Badezimmer
Stellen Nahaufnahmen scharf.
Renovierungsgrund gibt's immer,
Großer Änderungsbedarf.

Pickel auf der Nasenspitze
Pickeln kraterhaft nach Talg.
Lachfurche wird Grinseritze,
Breit verkampft, es blitzt der Schalk.

Mannigfaltig falten Falten
Beinah sichtbar das Gesicht.
Alles lohnt sich, festzuhalten
Bis der feste Griff es bricht.

Grüner Ekel spiegelt Triebe,
Junges Grün welkt hinterm Ohr.
Kläglich sprießt die Eigenliebe
Unverfälscht als Spross empor.

Freudig offenbart das Leuchten,
Deckt die Nachtgestalten auf.
Holt das, was wir froh verscheuchten,
Leicht ans Tageslicht herauf.

24 Grad, bedeckt, schwül, drückend.
Es ist warm, die bunten Leute
Leuchten fahl und viel zu grell,
Unentschieden wirkt es heute,
Nicht Mal eindeutig zu hell.

Himmel milchig, schwer und drückend,
Licht diffus, getrübt, verklärt,
Luft gestanden, dick, erstickend,
Atem dämpfend schwül beschwert.

Indirektes Licht, doch blendend,
Körperliches Unwohlsein,
Schweißduft, Pheromone sendend,
Tropft heiß auf den hohlen Stein.

Alles schwach, geschwollen pochend,
Frühlingsschwanger neu beseelt,
Libido zieht in den Knochen,
Weiches Fleisch von Lust gequält.

Stimmung sexy, stickig, stinkend,
Stimme heiser fast, belegt.
Körper in der Luft versinkend.
Brustkorb atmend, schwer bewegt.

Alles neu sprießend, verheißend.
Augen schwarz vor dunkler Lust
Fliederduft so süß und beißend.
Triebe viel zu nah, bewusst.

Schambesetztes, Eingeengtes
Öffnet leise das Korsett.
Eigentlich so gut Verdrängtes
Regt und räkelt sich kokett.

Heimliches erfüllt beschämend,
Platzt prall, widerlich ans Licht.
Sich nach der Erlösung sehnend
Hochrot, glücklich das Gesicht.

22 Grad stürmisch, Gewitter.
Und er kommt endlich, der Regen,
Und ergießt sich in 'nem Schwall,
Nasser, kühler glatter Segen
Plätschert froh, mit einem Knall

Scheppert Donner, Blitze fetzen,
Winde reißen Bäume krumm.
Keusche Schleier, Regennetze
Schlingen Regenschirme um.

Nur das Brausen ohne Ende,
Schonungslos, aufdeckend, wahr,
Reinigt schamerfüllte Hände
Schuldhaft, postorgasmisch klar.

Glasig, wässrige Gedanken
Tauchgangartig angegraut.
Grüns, die in dem Tief versanken,
Sind dem Tosen anvertraut.

Blasen strudelnd, werden wüster,
Schräg nach unten spiraliert.
Wolkenfronten türmen düster,
Wo sich grau in grau verliert.

Regenstärke wechselt kryptisch,
Leise keimt die Hoffnung zart,
Dann zermalmt es sie charybdisch.
Wasser klirrend, peitschend hart.

Was erlösend, endlich, heiter,
Zieht sich stetig flutend lang.
Bis wann geht es so noch weiter,
Gullideckel glucksen bang.

Grau das Denken, grau die Räume,
Jedes Licht nur funzelgleich.
Langsam flackern Bilder, Träume,
Negative, unscharf, weich.

Abwärts geht es in der Rinne,
Abfluss bald in schwarz verstopft.
Abwärts torkeln alle Sinne.
Takt durch Schwerkraft mitgetropft.

14 Grad, klar, Luft noch feucht vom Gewitter.
Sitz beschwingt auf einem Hocker,
Denken lose, unbeschwert.
Beine überschlagen, locker,
Denn es hat sich aufgeklärt.

Fort das sturmbedingte Bangen,
Fort verklärte Sicht auf mich,
Fort das drückende Verlangen,
Fortgeweht und es blieb ich.

Ich, der sich nun Kaffee trinkend
Nach verfieberträumter Nacht,
Wetterfronten Abschied winkend
Einen schönen Morgen macht.

Frag mich oberflächlich heiter,
Wann kommt Hoch und wann ein Tief,
Spinn Gedanken etwas weiter,
Wann fühl ich es intensiv?

Trinke meinen Cappuccino
Cool, entspannt und distanziert.
Bleibe heut' vom Wetterkino
Weitestgehend untangiert.

Bis mich wieder Mal ein Schauer
Ohne Regenschirm erwischt,
Denn ganz ehrlich, auf die Dauer
Ist das Wetter halt gemischt.

Ikarus

Es herrscht totale Finsternis,
Wo's dunkel und auch finster ist.
Da wo man wahrheitsmäßig spricht:
- Licht gibt es hier schlicht nicht! -

Wo selbst 'ne Funzel würde gleißen,
Die Schatten selber Schatten schmeißen,
Wobei ein Schatten Lichter braucht,
Ich bin nicht dumm, das weiß ich auch.

Wo jeder ob der Dunkelheit
Erstaunt ein - Fuck, wie dunkel! - schreit,
Das ist mein ganzes Leben schon
Mein trautes Heim, da, wo ich wohn.

Ich habe das nicht auserkoren,
Ich wurde hier nur rein geboren.
Sonst säße ich hier nicht so rum,
Ich sagte schon, ich bin nicht dumm.

Wir leben seit Generationen
In den lichtesfernen Zonen.
Schon Mutter war ein Tiefseefisch,
Mein lieber Sohn, so rief sie mich.

Doch will ich nicht nur jammern, klagen,
Man muss auch Mal ganz ehrlich sagen,
Dass wir hier nur im Dunkeln schwimm',
Ist nicht so tragisch nicht so schlimm.

Denn durch die ewige Geschichte,
Die vielen Leben fern vom Lichte,
Sind wir an diese Tiefe fast
Ein bisschen zu gut angepasst.

Wir haben eine Seitenlinie,
Und wenn was Essbares erschiene
Dann spüren wir die Vibration,
Auf riesige Distanzen schon.

Wenn beispielsweise 'ne Garnele,
Die rein geschmacklich ich empfehle,
Die auch in dieser Tiefe lebt,
Nur eines ihrer Glieder regt,

Dann spür ich das auf hundert Meter.
Schon zwei, drei Flossenschläge später
Schnapp ich mir dieses Krebstier und
Die Beinchen knacken süß im Mund.

Ihr seht, es gibt Delikatessen,
Ich würd' am liebsten immer fressen,
Nur leider ist die Tiefsee leer,
Ich fänd es schön, wenn's anders wär.

So bleibt der Inhalt meines Leben
Das mühselig nach Nahrung streben.
Doch halt, ich trau den Augen nicht!
Seh ich da vorne etwa Licht?

Zeigt sich da nun, was ich schon immer
Erblicken wollte, einen Schimmer.
Ein helles Glühn, ein hehrer Glanz
Voll Schönheit, voller Eleganz?

Ich fühl mich magisch angezogen,
Mich um die Lebenszeit betrogen,
Die ich in ewig finst'rer Nacht
So lichtlos einfach zugebracht,

Ich schwimme in des Lichtes Nähe,
Damit ich es von nahem sehe,
Fühl mich dem Lichte Nahe schon,
Da gibt es eine Explosion

Der Sinne, oh welch schöne Szene,
Da hüpft das Licht, ich sehe Zähne,
Deren Summe göttlich glänzt
Und zu zwei sich ergänzt,

Die, himmlisch lustig, will ich meinen,
Rasch auf und zu zu gehen scheinen.
Sieh, wie durch einen schnellen Biss
Mein Tod schon fast besiegelt ist.

Begreife durch den Schluss der Kiefer
Das Universum etwas tiefer.
Ich fühle Schmerz, ich spüre Glück,
Mir fehlt am Schwanze schon ein Stück,

Nur ist das nicht mehr relevant
Da ich das wahre Leben fand.
Und als ich schließlich umgebracht
Bin - ist es wieder dunkle Nacht.
-
Wo manche sehen in die Ferne,
Seh ich vor mir eine Laterne,
Die immer schon, seitdem ich denk,
Vor meinen Augen runter hängt.

Mein Blick ist dadurch viel begrenzter,
Als ob man rausblickt durch ein Fenster,
Wenn's drinnen gerade ist erhellt,
Und nichts sieht von der dunklen Welt.

Ich sehe immer nur das eine,
Das Licht vor meiner Nase, keine
Möglichkeit vorbeizuschau'n
Es ist der Wahnsinn, reinstes Grau'n.

Und so leb ich mein ganzes Leben
Fern der Gelegenheit zum Streben.
Da ich nicht weiß, was mich umgibt,
Ist mir die Umwelt unbeliebt.

Nur wird man davon auf die Dauer,
Wie ich ja zugeb, auch nicht schlauer.
Denn nur der Blick auf ungewohnt-
es weitet deinen Horizont.

Und was ich auch nicht gut vertrage,
Ist, dass ich immer passiv jage.
Ich warte schon mein Leben lang
Auf Beutefische, Beutefang.

Geschieht durch blindes, blödes Liegen,
Ich tu nur eins zum Beute kriegen:
Es schnappt mein Kiefer auf und ab,
Bis ich dann was im Maule hab.

Und so, mein Maul mal zu, mal offen,
Lieg ich hier schon seit Jahren, hoffend,
Während sich die Zeit sehr zieht,
Dass endlich einmal was geschieht.

Doch dass sich hier im Jetzt mein Wille,
Nach all dem Warten schlicht erfülle,
Das registriere ich gar nicht.
Als ich seh in der Ferne Licht.

Sieh, wie sich bunte Farben zeigen,
Voll purer Leichtigkeit, ein Reigen!
Wie jede Farbe munter blinkt!
Das muss ich nah seh'n unbedingt!

Seh doch sonst immer nur die Eine,
Ja ganz genau, ich mein die Meine.
Und dieses Licht, das lockt so, muss
Gleich hin, doch als der Oktopus

Mich packt mit seinen sieben Armen
Und ohne jegliches Erbarmen
Mir endgültig den Garaus macht,
Da ist es endlich dunkle Nacht.

Der Aitel

Es schwimmt ein kleiner Aitel
Fröhlich in der Sonne.
Die Wärme auf dem Scheitel
Bereitet ihm viel Wonne.

Der Flieder

Der Frieder fragt die Frieda:
- Wann blüht der Flieder wieder? -
Die Frieda sagt dem Frieder,
- Der Flieder blüht nie wieder. -

Und das kann sie so sagen, weil
Sie fällt ihn gerade mit nem Beil.

Der Liguster

Wie der Reitstiefel zum Schuster
Passt zum Spießer der Liguster.
Spießer gibt's an allen Ecken,
Somit auch Ligusterhecken.

Das Habichtskraut

Das Habichtskraut klingt so,
Als würd' es and're Pflanzen fressen.
Nur hat es mit den Jahren
seinen Namen wohl vergessen.

Es jagt nicht, tut nichts, außer
Einfach dazustehen,
Ist dabei allerdings
Reizend anzusehen.

Du

Oh, du meineidige Schlange!
Oh, du dürrhalsiger Reiher!
Sag mir mal, seit wann, wie lange,
Oh, du aasfräßiger Geier,

Du schon heimlich intrigiertest,
O du Schandfleck meines Lebens,
Um mein Mäulchen Honig schmiertest?
Ha! Ich sag dir eins: „vergebens."

Wie lang ließ ich mich betrügen
Seit du mir die Sinne raubtest.
Ich spann uns're Lebenslügen,
Bis vielleicht auch du sie glaubtest.

Du warst da, du ließt mich hoffen,
Dass da etwas wachsen könne.
So viel Zukunft, so viel offen,
Ahnst du, was ich dir jetzt gönne?

Jede Krankheit, alle Pilze,
Jedes Übel hier auf Erden,
Ja, du wolltest es so, willste,
Denn jetzt noch die Eine werden?

Nur durch dich geht es mir schlecht, ich
Ging durchs Feuer durch dein Streben.
Aber jedes Übel rächt sich,
Da kann ich dir Gift drauf geben!

Angefangen hat das Ganze,
Das ist mir inzwischen klar,
Als ich dich, du süße Pflanze,
Im Regal im Baumarkt sah.

Warst von Anfang an die Eine!
Deine unverblümte Art
Machte leichthin meine Beine
Weich - das Gegenteil von hart.

Oh wie süß roch dieser Nektar,
Dieser gold'ne Rebensaft,
Und so wie er riecht, so schmeckt er,
Dieser Schatz, der Leben schafft.

Ich war dir sofort verfallen,
Ich entschied mich gleich für dich,
Du, die eine unter allen,
Oh, du süße Frucht, pfirsich-

artig, beim Biss klebrig, saftig,
Ja, so kann die Liebe sein.
Gerade noch das Zahlen schafft' ich,
Dann warst du für immer mein.

Wo wir uns dann wiederfanden?
Na, bei mir an meinem Bett,
Wo schon and're Pflanzen standen,
Aufgereiht auf einem Brett.

Diese ersten zarten Stunden:
Lachend pflanzte ich dich um.
Ich sprach offen unumwunden,
Du warst pflanzenartig stumm.

Oh, wie hab ich ihn genossen,
Deinen Anblick, zart-robust.
Wie gern hab ich dich gegossen,
Leise Flammen in der Brust.

Nur wir beide, niemand anders,
Unverschämt ungleiches Paar.
Nein, für Zweifel gab's kein' Anlass,
Alles war ganz einfach wahr.

Ja, klar, kann man jetzt behaupten,
Ich hätt' alles nur verklärt;
Doch war es mit dir Belaubten
Dafür viel zu unbeschwert.

Denn beinahe wie nach Schema,
Mir wird jetzt das Herz noch weich,
Jede Topic, jedes Thema,
Uns're Meinung immer gleich.

Keine Streits, keine Konflikte,
Alles war an sich doch gut!
Ich gab dir stets Recht und nickte,
Nur war ich nicht auf der Hut,

Davor, dass dein feines Schweigen
Eigentlich Fassade war.
Denn du konntest dich nicht zeigen,
Irgendwie ist das schade - klar.

Hätt' ich mich hüten sollen,
Immer vorsichtig bedeckt.
Doch ich überwarf die Rollen,
Hätt ich's damals schon gecheckt,

Hätte vielleicht die Geschichte
Etwas besser enden könn'.
Was ich abschließend berichte,
Ist mir schon recht peinlich, denn

And're könnten drüberstehen,
Über deiner Missetat.
Es ist nicht zu übersehen,
Ich war zu verbissen hart.

Hätte doch nur eins erwartet,
Dass du, wenn ich gieße, wächst.
Vielleicht bin ich sait bezartet,
Denn mich hat es tief verletzt,

Dass du meine Näherungen
Weitestgehend ignorierst,
Und, du Wesen ohne Lungen,
Nicht mal für mich vegetierst.

Ja ich tat, was mich gut dünkte,
Nichts von mir war dir genug,
Auch wenn ich dich stets gut düngte,
War es immer Selbstbetrug.

Denn du wolltest gar nichts geben,
Nicht mal nehmen wolltest du.
Manchmal ist es so, das Leben.
Das geb ich ja vollends zu.

Nun, dann wollen wir mal schauen,
Dass es so kam, liegt an dir,
Dachtest, ich würd mich nicht trauen,
Dachtest wohl, dass ich mich zier,

Dir den Handschuh zuzuschmeißen,
Auf dem rot, fett Fehde steht,
Dich am Schlachtfeld zu zerreißen,
Wie vom Krieg die Rede geht.

Auf dem Kopf ein Helm, metallen,
Schwerer Harnisch um die Brust,
Hör, wie Schwerter rasselnd schallen,
Da wird mir plötzlich bewusst,

Dass man gar nicht nur in Schlachten
Einen Krieg gewinnen kann,
Die, die die Geschichte machten,
Gingen's häufig findig an.

Denn der Feind hat kurze Fristen,
Wenn man Vorräte verknappt,
Und man mit geschickten Listen
Seinen Wasserzugang kappt.

Ja, ich geb es zu: genieße,
Fühl mich dabei nicht Mal schlecht,
Dass ich dich jetzt nicht mehr gieße.
Das ist insgesamt gerecht.

Zum Zelten

Schläfst du im Freien, außer Haus,
Nimm lieber gleich ein Zelt mit raus.
Denn sollte's regnen über Nacht,
Schläft es sich besser überdacht.
Und es gibt kein - weil ich gut lag,
Verschlief ich wieder Mal den Tag. -
Der Stoff des Zelts ist transparent,
Damit man nicht zu lange pennt.
Verwundert frag' ich, wie das geht,
Du meinst, - na, Funktionalität. -

Der Schattenwurf

Um über
deinen
eigenen Schatten zu springen,
solltest du warten bis es Nacht ist.
Dann geht das gleich viel besser.
Oder du versuchst es mittags
mit einem rein vertikalen Sprung,
da springst du aber nur über
deinem
eigenen Schatten.

Die Nilgans

Sehr geehrtes Landesamt
Für Umweltschutz, in Eilen
Schreib ich hier mit banger Hand
Und hoch erregt paar Zeilen.

Weil ich mich gezwungen seh,
Die Wahrheit auszudrücken,
Mitzuteilen was gescheh',
Bei uns hier in Feldbrücken.

Anfangs halt ich es für schlau,
Weil Sie ihn wohl nicht kennen,
Ihnen erst mal recht genau
Den Ausgangspunkt zu nennen.

Ich bin hier sehr gut vertraut
Mit Wäldern und mit Flüssen.
Mit jeder Pflanze, jedem Kraut
Seh ich mich als beflissen.

Es gilt daheim, da, wo ich wohn,
Was kreucht und fleucht, zu lieben,
Darum bin ich seit Jahren schon
Dem Umweltschutz verschrieben.

Ich weiß, was ruft im Wald, sowie
Was trällert in der Wiese.
Ja, die Ornithologie
Ist meine Expertise.

Und deshalb kenn ich jedes Paar,
Das hier am Weiher brütet,
Das immer wieder Jahr für Jahr,
Die Jugend wohl behütet.

Drum trifft es mich besonders schwer,
Dass nun die Reiherenten,
Die ihre Jungen doch so sehr,
Auf federweichen Händen

Und voller Sorgfalt wachsen sehn,
Seit dem vorletzten Winter,
Nicht mehr so frei am Weiher steh'n,
Nein, voller Sorgen hinter

Einem alten Weißdornstrauch
Ihr Brustgeschäft verrichten,
Weil der Jungvogelmissbrauch
Sonst droht, sie zu vernichten.

Und auch manch andre Vogelart:
Das süße Bläßhuhnpärchen,
Das sich im Frühjahr glücklich paart
Nach stolzer Balz des Herrchen

Tut dies nur noch im Rohr versteckt,
Damit man's nicht mitkriege,
Und auch nur hastig, ja verschreckt,
Was, denk ich, daran liege,

Dass nun ein fieser Eindringling
Den Seefrieden gestört hat,
Von dem, bevor das Ding anfing,
Hier niemand was gehört hat.

Denn seitdem hier zum ersten Mal
Die Nilgans wurd' gesichtet,
Gibt's für die Vögel nur noch Qual -
Die Fauna hingerichtet.

Sie kam migriert aus Afrika
Getrieben vom Versprechen,
Hier sei es einfacher als da,
Voll nahrungsreicher Flächen.

Nur steht es hier, auch auf dem Land,
Wie Sie vermutlich wissen,
Um uns'ren deutschen Tierbestand
Im Klartext sehr beschissen.

Es ist ein bitt'rer Nahrungskampf
In Feld und Flur am Weiher.
Es suchen Essbares verkrampft
Gans, Ente, Wachtel, Reiher.

Und diese Nilgans, sag ich Ihn',
Die niemand zu uns rief,
Die anfangs unschuldig erschien,
Verhält sich invasiv.

Sie schreckt vor keiner Tat zurück,
Gefährdet uns're Jungen,
Bedroht unser Familienglück,
Ist aggressiv, gedungen,

Böse, unzivilisiert,
Missachtet jede Regel.
Ja, sie ist wild und malträtiert
Die einheimischen Vögel.

Wenn es nur eine Nilgans wär,
Wär's nie so schlimm geworden,
Nur werden's leider immer mehr
Von diesen Nilganshorden.

Es ist schon so, dass manch ein Teich
Durch Nilgansinvasionen
Für unser deutsches Vogelreich
Ist eine No-go-Zone.

Und vielleicht kling' ich etwas harsch,
Doch ich seh es so kommen,
dass jede Au wird Gänsemarsch
Und das macht mich beklommen.

Und jede Art von der man denkt,
Sie lebt in deutschen Landen,
Wird von der Nilgans bald verdrängt,
Stirbt aus und geht abhanden.

Zum Glück bin ich ein Jägersmann,
Und ich habe beschlossen:
Naturschutz fängt bei Hege an,
Zur Hege wird geschossen.

Und bis sie etwas unternehm'
Gegen diese Fluten,
Ist mir nichts zu unbequem,
Um meiner Pflicht als gutem

Deutschem Bürger Recht zu tun,
Und sei es früh am Morgen,
Ich werde wachen, niemals ruh'n,
Mich um die Heimat sorgen.

So schließe ich mit einem Schwur,
Ganz offiziell zur Feier:
Ich töte nicht die Gänse nur,
Ich find auch ihre Eier.

Ende einer Zimmerpflanze

```
tot tot tot
tot tot tot
tot tot tot
lebendig
lebendig
trockene erde
trockene erde
untertopf
```

Henri Kruse schreibt. Das Schreiben ist für ihn Spaß und Abwehr. Spaß an Sprache, Spaß an präzisem Ausdruck, Spaß an Quatsch. Abwehr des Gefühls, dass mit dem vollständigen Eintritt in die Lohnarbeit offenbar alles Schöne vorbei sei. Abwehr der Yuppieisierung und Vereinzelung des akademischen Endzwanziger-Seins.

Wo Flat-Whites mit Freunden keine Freude mehr bereiten, weil dadurch Produktivität flöten geht, müssen so Kurzgedichte, Slampoesie, formalistischer Quatsch und Nonsens Abhilfe bereiten.

So kann man sich - als Tourpoet im gleichen Zug sitzend wie gleichaltrige Unternehmensberater - einfach ein bisschen besser fühlen.

:(